Lk 7
K 4116

MONOGRAPHIE

DE

L'ISLE-SUR-LE-DOUBS,

PAR M. L'ABBÉ RICHARD,

CURÉ DE DAMBELIN,

CORRESPONDANT DU MINISTRE DE L'INSTRUCTION PUBLIQUE POUR LES TRAVAUX HISTORIQUES
ET MEMBRE DE L'ACADÉMIE DE BESANÇON.

BESANÇON,

J. JACQUIN, IMPRIMEUR-LIBRAIRE,

Grande-Rue, 14, à la Vieille-Intendance.

1856.

MONOGRAPHIE

DE

L'ISLE-SUR-LE-DOUBS.

LILE, *Yla* dans la chronique d'Albert de Strasbourg, l'Isle depuis la fin du xviie siècle, chef-lieu de canton, arrondissement de Baume, dans le département du Doubs, au 4e degré 15 minutes de longitude du méridien de Paris, et au 47e 27 minutes de latitude. Cette petite ville est bâtie sur la route impériale de Besançon à Strasbourg, à la distance de 5 myriamètres 4 kilomètres du chef-lieu du département, et à 2 myriamètres 5 kilomètres de Baume.

L'Isle a pris son nom de sa position au milieu de la rivière du Doubs, divisée en deux bras qui l'entourent et forment une île de 800 mètres de longueur et de 100 mètres de largeur. La commune de l'Isle renferme trois parties distinctes : la *Rue*, sur la rive droite du Doubs ; l'*Isle*, au milieu de la rivière, et le *Magny* sur la rive gauche. Ces trois sections ont eu des origines différentes ; nous les ferons connaître successivement ; mais auparavant il importe de parler de l'ancien village de *Fusnans*, qui existait autrefois à un kilomètre en aval sur la rive gauche du Doubs, parce qu'il fut pendant longtemps le chef-lieu paroissial de l'Isle, qui en reçut ses premiers habitants.

Dès les premières années du xiie siècle, Fusnans était déjà une localité considérable, à en juger par les cinq ou six familles notables qui l'habitaient : Raynauld, chevalier de Fusnans ; Aymon, et Vuillerme, son frère ; Hugues et Eberard ; Bernard et Vuillerme, frères de Pierre de Fusnans ; Simon, clerc, Bernard, prêtre, et Fromond de Fusnans, furent au nombre des seigneurs qui accrurent, dès les premières années de sa fondation, la dotation de l'abbaye du *Lieucroissant,* dite des *Trois-Rois.* Ce monastère avait été bâti en 1133, à la dévotion et aux frais de Simon, comte de la Roche en montagne, pour des religieux de l'ordre de Cîteaux, dans le petit vallon de *Vaugenans,* à 3 kilomètres au nord-ouest de l'Isle. Le savant Perreciot rapporte que les archives de cette maison renfermaient les chartes des donations des seigneurs de Fusnans. Une d'entre elles, dit-il, de l'an 1150, démontre que Pierre, damoiseau de Fusnans, et ses consorts, étaient vassaux de Guy ou Guillaume, seigneur de Granges. Le pape Grégoire VII, dans une bulle de l'an 1187, confirme aux religieux des Trois-Rois la possession des biens et terres de Fusnans.

Ce village occupait la base de la colline dite le Mont-de-Rang, non loin de la voie romaine. La source du *Moulinot* en abreuvait la population, dont on croit avec vraisemblance que le chiffre monta à 500 habitants. Il ne reste de Fusnans, détruit pendant les guerres du xve siècle, que la chapelle, le cimetière actuel de l'Isle, le hameau et le moulin du *Moulinot ;* ils ont conservé le nom de Fusnans ou *Fuénans.* La pieuse coutume, dans les premiers siècles chrétiens, de placer les cimetières autour des églises, fait présumer que celle de Fusnans occupait l'emplacement de la chapelle qu'on voit de nos jours dans le cimetière de l'Isle. Elle était sous le vocable de Notre-Dame au jour de sa nativité. D'anciens pouillés portent qu'elle avait été consacrée le 25 mars, sans désignation de l'année. Plus de deux siècles après la destruction de Fusnans, les curés de l'Isle continuèrent à habiter au milieu des ruines de ce village et à porter le titre de *prêtres de l'église de Fusnans.*

Le *Magny* devant l'Isle s'appelait anciennement *Uxelles* (1). L'abbaye des Trois-Rois, qui possédait des *meix* à Fusnans et à Uxelles, les inféoda en 1194 à Thiébaud Ier, seigneur de Neucha-

---

(1) Eau dans les environs de laquelle on conduit la charrue.

tel, en présence d'Amédée de Tramelay, archevêque de Besançon. L'auteur du Mémorial de cette abbaye, qui écrivait avant le milieu du xiv⁰ siècle, parle du Magny en ces termes : Uxelles, *qui nunc dicitur le Mesny, devant l'Isle* (1). En 1385, il n'y avait au Magny que cinq ou six maisons, et d'après le curé Mothet, le nombre ne s'en était pas accru au milieu du xvi⁰ siècle.

La *Rue de l'Isle* est bordée par deux lignes de maisons, situées le long de la rive droite du Doubs, au pied d'une colline qui les domine du couchant au nord. Elle était autrefois un village, appelé dans plusieurs chartes du xii⁰ siècle, *Carnans, Carnetum, Caunans* (2). La bulle de Grégoire VII, de l'an 1187, en confirma la possession et celle de son territoire à l'abbaye des Trois-Rois. Les premiers habitants de la Rue étaient des serfs, qui cultivaient les terres de ce monastère. Ils dépendirent de la paroisse de Mancenans jusqu'à la fin du xviii⁰ siècle, parce qu'elle comprenait dans sa circonscription le territoire de cette abbaye, et que dans ces temps reculés il n'y avait pas de ponts pour communiquer avec l'Isle et Fusnans. Le petit village d'Appenans, situé au sommet de la colline, à un kilomètre à l'ouest de la Rue de l'Isle, a eu la même origine.

L'Isle proprement dit est la partie de cette ville qui a été habitée la dernière. Les chartes de l'abbaye des Trois-Rois, qui mentionnent, ainsi que nous l'avons dit, les localités du Magny et de la Rue, ne disent mot de l'Isle. Si elle avait été habitée à cette époque, elle aurait eu des ponts pour communiquer avec la Rue et le Magny; elle aurait possédé une église paroissiale, car depuis plusieurs siècles les paroisses étaient nombreuses dans la plaine de la Franche-Comté. Perreciot conjecture que le château de l'Isle existait déjà en 1160, qu'il était appelé *Castrum Molendinorum*, le Château des Moulins, et il ajoute que ce fut là que Thierri de Soye, prévôt de Mathay, et ses frères, signèrent la charte par laquelle ils donnaient à l'abbaye des Trois-Rois toutes leurs possessions dans les terres de Sainte-Marie-du-Chatel et de Mathay (3).

---

(1) *Mesny*, d'où l'on a fait Magny, du latin *mansus*, signifie habitation d'un serf avec quelques terres au voisinage.
(2) *Cases*, au pied et le long d'un monticule baigné par une rivière.
(3) Sainte-Marie-du-Chatel était le vocable de l'église mère, existant au xi⁰ siècle au-dessus de Pont-de-Roide, et qui a été transférée dans ce village au milieu du xviii⁰.

Mais nous ne connaissons aucun document qui indique qu'il y ait eu des moulins dans l'Isle au xvie siècle. Ce Château des Moulins nous semble devoir être placé à Fusnans, habité par des familles nobles et une population assez nombreuse, et dont une localité a retenu jusqu'à nos jours le nom de Moulinot, plutôt qu'à l'Isle, si toutefois un château existait dans ces parages.

Quoi qu'il en soit, il est certain que c'est la construction d'un château dans l'Isle qui y amena des habitants des lieux circonvoisins, pour y trouver protection et défense. Cette opinion, dont la vérité se manifeste d'elle-même, est celle de Perreciot et de tous les historiens franc-comtois. L'Isle, située entre la Rue et le Magny, à égale distance et au vis-à-vis de l'une et de l'autre, en était une dépendance naturelle, comprise sans doute dans la donation des seigneurs de Fusnans à l'abbaye des Trois-Rois. Les religieux de cette maison l'inféodèrent, ou, selon M. Ed. Clerc, la vendirent à Thiébaud II, sire de Neuchatel, qui éleva une forteresse dans cette terre de franc-alleu; de là le commencement d'une bourgade nouvelle et du chef-lieu d'une seigneurie importante.

Est-ce à la beauté du site, à la douceur du climat, qu'il faut rattacher la construction du château de l'Isle? Cette localité, sans doute, présentait plus d'agréments que le froid donjon de Neuchatel; mais comme Thiébaud et ses successeurs ne résidèrent jamais à l'Isle d'une manière permanente, il faut rapporter à une autre cause la fortification de cet endroit. Nous la trouvons dans les guerres de cette époque. Alors la noblesse de Franche-Comté était divisée en deux partis. L'un soutenait Otton de Méranie, prince allemand, qui avait épousé l'héritière de la branche aînée des comtes de Bourgogne, et le sire de Neuchatel était l'âme de ce parti. L'autre combattait en faveur des comtes Etienne et Jean de Chalon, de la branche cadette, qui disputaient à Otton de Méranie la souveraineté de notre province. Cette division produisit des guerres cruelles entre les seigneurs de la Franche-Comté; elles durèrent pendant les trente premières années du xiiie siècle. Ces éternels guerroyeurs élevèrent à l'envi des châteaux forts dans leurs terres pour les défendre; ce fut alors que celui de l'Isle fut construit. L'Annuaire du Doubs pour les années 1828 et 1834, confondant Liesle près de Quingey avec l'Isle-sur-le-Doubs, avance que le château de l'Isle est mentionné pour la première fois dans un traité de pacification de l'an 1227; c'est là une erreur, qu'on explique par la ressemblance du nom des deux localités. Si nous ne pouvons préciser l'année où le sire de Neuchatel fit bâtir la forteresse de l'Isle, nous disons hardiment que ce fut vers et avant 1230, époque où son frère Amédée en faisait construire une autre à Montrond. Enfin, ce qui est positif et certain, c'est que le sire de Neuchatel fit hommage de la maison forte de l'Isle, en 1259, au comte de Bourgogne.

Nous avons décrit les commencements successifs des trois diverses parties de la ville de l'Isle, dont la circonscription définitive ne fut arrêtée qu'en 1263 par Thiébaud III, dit le grand sire de Neuchatel, qui en est considéré comme le fondateur.

« Messire Thiébaut, jadis grans sire de Nuefchastel, lisons-
» nous dans la charte des franchises accordées à l'Isle en 1308
» par Thiébaud V et Agnès de Chatelvilain, sa mère, liquel fonda
» et ferma ça en arrières, L'ile dessusdit, au temps qu'il était
» sires, eust donney et ottroyey à tousioursmais ès borgeois et
» ès habitants en l'isle et à leurs hoirs, c'est à savoir, au *bourg*,
» en la *rue* devant le bourg, et sur les *mez* desdits borgeois, totes
» les libertey, totes les franchises que cy après se ensuignent,
» etc., etc. » On voit par ce titre que Thiébaud III réunit les trois parties de l'Isle en une seule et même bourgade, et qu'il en affranchit les habitants, affranchissement que son petit-fils ne fit que confirmer. Le cartulaire de Neuchatel porte, sous l'an 1397, que la Rue était entourée de murs épais au couchant et au nord ; on en voit encore les vestiges. Trois portes, l'une du côté de Médières, l'autre à l'extrémité inférieure sur le chemin d'Appenans, et une troisième à la tête du pont du Magny, fermaient le bourg et la Rue. A cette époque, les sections de l'Isle avaient des ponts pour communiquer entre elles. Le château occupait la partie supérieure de l'Isle, et les habitations construites au devant portaient le nom de *Ville* ou *Velle*. Un bâtiment pour la boucherie existait auprès de la porte de Médières, et celui de la halle était un peu plus bas : tel fut l'Isle au xive siècle.

Avec l'affranchissement, le commerce fut un autre moyen que le grand sire de Neuchatel employa pour peupler son nouveau bourg. Il y établit des foires et des marchés tous les lundis. Les plus considérables de ceux-ci se tenaient avant la Toussaint, Noël et Carême-prenant. Au commencement du xive siècle, le commerce était si florissant à l'Isle, que, le 7 décembre 1337,

Thiébaud II donne en fief à Jean d'Avilley les droits qu'il percevait sur les ventes et les achats. Singulière anomalie de la féodalité ! Si elle favorisait le commerce, c'était pour le frapper aussitôt des droits nombreux d'*otelaige,* d'*aimoinaige,* de *pesées,* etc., etc. (¹), qui tournaient au profit du seigneur le revenu le plus clair et le plus net des transactions commerciales !... Les foires avaient lieu le lundi comme les marchés. Le bétail, le drap, le vin, le pain blanc, formaient l'objet du commerce. Le numéraire était peu commun, car la plupart des ventes se faisaient par échanges, et ceux-ci ne payaient au seigneur que la moitié du droit de celles faites en argent. Enfin, ce qui ne laisse aucun doute sur l'importance commerciale de l'Isle au moyen-âge, c'est l'établissement d'une colonie de Juifs en cette ville. Mais ces hommes, qui alors exerçaient seuls l'état de marchands, avaient à payer au sire de Neuchatel un impôt annuel de 30 deniers par tête.

Le flottage du bois sur la rivière du Doubs appartenait aussi en banalité au seigneur depuis le *gour* de Médières jusqu'à celui de *Grattery;* la meilleure pièce de chaque train de bois ou de planches pour construction lui était livrée. A son tour, le meunier de l'Isle percevait un autre droit de 18 deniers pour l'entretien de l'écluse, au passage de chaque train sous le pont de la porte du Magny. Les piétons, les animaux, les voitures étaient assujétis à un péage en passant sur ce pont, à l'exception toutefois des gentilshommes, des bourgeois, des prêtres et des clercs : mais les voitures non ferrées n'étaient frappées que de la moitié de ce droit. Ce péage avait été donné en fief par les prédécesseurs de Thiébaud VI, qui le racheta en 1368, pour 140 livres estevenantes, de Jean de Vaitte et de Marguerite, fille de Thiébaud de Roche, son épouse. Ces droits multipliés sur les personnes et sur les denrées étaient peu favorables au développement du commerce et de l'industrie ; aussi celui-là était-il borné aux seuls objets de première et d'indispensable nécessité, et celle-ci apparaissait à peine ! Cependant le cartulaire de Neuchatel nous apprend qu'on fabriquait à l'Isle et dans le voisinage quelques instruments d'agriculture grossièrement travaillés, des chariots à

---

(1) L'*otelaige* était le dépôt ; l'*aimoinaige,* le mesurage ; la *pesée,* le pesage du blé et des marchandises vendus à la halle ou sur le champ de foire.

échelles entre autres ; mais les fabricants ne pouvaient les vendre à gens d'une autre seigneurie sans la permission des sires de Neuchatel.

Les successeurs de Thiébaud III s'appliquèrent, à leur tour, à accroître la prospérité du bourg de l'Isle ; Thiébaud IV y attira de nouveaux habitants par diverses concessions. Il leur abandonna, entre autres, la propriété et la jouissance du bois d'*Avotoy*, depuis le bief de ce nom jusqu'aux finages de Rang, de Glainans et d'Anteuil ; l'acte de cette donation est du samedi avant la fête de saint Barthélemi, en 1302. Six ans après, Thiébaud V renouvela, en les confirmant, les franchises accordées aux habitants de l'Isle par son grand-père, comme nous l'avons dit. Mais, du reste, avant toutes ces institutions bienfaisantes, cette bourgade était déjà devenue une localité assez importante pour qu'en 1280, peu d'années après sa fondation par conséquent, Eudes de Rougemont, archevêque de Besançon, la choisit pour y recevoir le serment d'obéissance qu'Henri d'Isny, nouvel évêque de Bâle, devait lui prêter, car les dangers occasionnés par les guerres qui eurent lieu en Franche-Comté, à la fin du XIIIe siècle, ne permettaient pas à ce suffragant de se rendre à Besançon.

L'Isle devint le chef-lieu d'une châtellenie composée primitivement des huit villages de Médières, Blussans, Rang, Pompierre, Soye, Fontaine, Uzelles et Mancenans. Le sire de Neuchatel avait un capitaine, préposé avec quelques milices du pays à la garde du château ; un prévôt ou bailli était à la tête de l'administration civile et judiciaire. Les gens du comte de Bourgogne voulurent lui contester le droit d'instituer et de destituer le dernier de ces officiers, mais une enquête faite en 1379 le lui confirma.

Du reste, les Thiébaud de Neuchatel reprenaient de fief l'Isle, du comte de Bourgogne. Thiébaud IV lui fit en 1289 son hommage pour cette ville et la conduite de la voie romaine, depuis *Palente*, au-dessus de Besançon, jusqu'au *Pont-Charroz*, au territoire de Lougres ; cette voie passait à la Malmaison, Sechin, Luxiol, Voillans, Rang, Blussang, Saint-Maurice, etc., etc. (1). En novembre 1294, Otton IV, comte palatin de Bourgogne, ajouta à ces fiefs la garde du prieuré de Lanthenans et de l'ab-

---

(1) *La conduite des grands chemins* était le droit féodal de percevoir des péages établis sur les chemins publics, à charge de veiller à la sûreté des voyageurs.

baye des Trois-Rois ; il voulait, par cette gratification, apaiser le sire de Neuchatel, mécontent, avec la plus grande partie de la noblesse, de ce qu'il avait transféré à Philippe le Bel, roi de France, la souveraineté de notre province. Thiébaud V fit partie de la ligue des seigneurs comtois contre Eudes, duc et comte de Bourgogne. Ce prince était mal vu de ses puissants et remuants vassaux à cause de son origine française, ou pour la non-exécution de certaines promesses qu'il avait faites ; mais il les combattit à la Malcombe, près Besançon, en 1336, et les réduisit à lui faire leurs soumissions. Seul, le sire de Neuchatel persista dans la révolte ; mais, en 1343, il fut contraint de faire comme eux. Le château de l'Isle capitula et fut remis aux gens du duc de Bourgogne. Thiébaud V fut dépouillé de la garde du prieuré de Lanthenans et de l'abbaye des Trois-Rois, et il fut condamné à augmenter son fief envers le duc de Bourgogne de 150 livrées de terre, c'est-à-dire d'une somme de 150 livres à prendre sur ses possessions au plus près de l'Isle, qui était de son alleu [1]. Cette paix ne fut pas de longue durée : Jean de Chalon s'empressa, aussitôt après la défaite des Français à Crécy, de ranimer la coalition des seigneurs comtois contre le duc de Bourgogne. En 1346, Thiébaud de Neuchatel est un des plus puissants chefs de cette insurrection. Aussi, Othes de Grançon, sire de Pesmes, lieutenant du prince, se porte-t-il en plein hiver sur la terre de l'Isle ; c'était là le foyer le plus actif de la révolte. En vain le sire de Neuchatel déploie-t-il la plus grande valeur pour défendre ses terres ; il succombe, et toute la contrée de l'Isle à Dambelin est saccagée. La famine d'abord, et ensuite la peste de 1349, mettent le comble aux maux qui sont la suite de cette dévastation. La peste reparait de nouveau à l'Isle et au voisinage, en 1361, et décime la population pendant trois ans. C'est pourquoi le dénombrement donné, en 1385, par Thiébaud VI à Philippe le Hardi, ne présente que 160 bourgeois à l'Isle et six *moisnies* d'hommes au Magny.

Au milieu de ces troubles et de ces désastres, la maison de Neuchatel ne négligea pas de fortifier sa puissance au moyen de l'inféodation de diverses terres et droits seigneuriaux. En 1385,

---

[1] Cette somme valait près de 900 francs de nos jours ; elle était énorme pour cette époque, où la rareté du numéraire était grande.

elle possédait quinze vassaux dans le seul ressort de la châtellenie de l'Isle. On voit à cette époque un Jean de l'Isle, chevalier, habiter Neuchatel; les Pierrexi et d'autres féaux avaient leurs castels à l'Isle. Pierre Pierrexi de l'Isle était abbé de la Chaise-Dieu, en Auvergne, en 1396. Son parent Etienne jouit de la même dignité à Faverney. Ce prélat fut distingué par sa générosité envers les serfs de cette abbaye; ses religieux le chérirent, et le pape Jean XXIII l'honora de sa bienveillante affection, qu'il lui témoigna en lui accordant l'usage des habits pontificaux.

Rodolphe de Wart, accusé d'avoir eu part au meurtre de l'empereur Albert, chercha un refuge chez un des personnages nobles de l'Isle, dont l'histoire n'a pas conservé le nom (1). Thiébaud VI fut chargé de l'arrêter en 1388; il le rendit à Léopold d'Autriche, qui le fit expirer sur la roue. La femme de Wart employa tous ses efforts pour arracher son malheureux mari à ce supplice cruel, mais elle ne réussit pas. En cette douloureuse circonstance, cette digne épouse déploya un courage au-dessus des forces de son sexe et donna un exemple admirable de tendresse conjugale! Malgré les supplications de son mari, qui l'exhortait à se retirer, elle demeura sous l'échafaud jusqu'à ce qu'il eût rendu le dernier soupir. Les tortures et l'agonie barbare qu'on lui fit endurer durèrent trois jours. Alors son épouse infortunée ne s'éloigna que pour succomber bientôt après sous le poids du chagrin.

Au moyen-âge, l'Isle posséda un monument qui, pendant plusieurs siècles, fut l'objet de la vénération des peuples : c'était la chapelle de la Vraie-Croix. Cet édifice dut son existence à Thiébaud II de Neuchatel, qui avait jeté les premières fondations de l'Isle. Ce seigneur fit, avec le sire de Joinville et d'autres barons comtois, le voyage de la Palestine vers la fin de l'année 1240. Il rapporta de Jérusalem deux morceaux assez considérables de la vraie croix. A son retour, il fit construire au milieu du nouveau bourg qui s'élevait à l'Isle, dans l'emplacement de l'église actuelle, une chapelle où il déposa ces précieuses reliques; il la fit bénir sous le titre et l'invocation de la Vraie-Croix, vers le milieu du XIIIe siècle. Ses successeurs la dotèrent et fournirent à l'entre-

---

(1) *Apud Ylam, oppidum comitis de Blamunt*, dit la Chronique d'Albert de Strasbourg. Ce mot *oppidum* ne laisse aucun doute que l'Isle ait été une ville forte et fermée de murailles.

tien des prêtres chargés de la desservir. Thiébaud VI, par acte donné en son château de Blamont, assigne à cet effet, en 1352, un revenu annuel de dix livres, payable en deux termes, sur les revenus de la seigneurie de l'Isle. Le jour de Pâques fleuries 1365, il concéda aux curé et vénérables chapelains de la Vraie-Croix, des droits d'usage dans ses forêts, celles de *Béchune* et de *Saulçois* exceptées. Cet acte fut adressé *à mon bienaimé chapelain Lorry de Fontennes;* ainsi s'exprime Thiébaud. Jusqu'alors un seul chapelain avait été attaché à la chapelle de la Vraie-Croix; mais le curé de Fusnans, qui l'était en même temps de l'Isle, portait le même titre. De leur côté, les seigneurs du voisinage s'empressèrent de concourir à sa dotation. Catherine de Dampierre, épouse de Richard de Scey, donna, en 1368, toutes ses dimes de Colombier-Fontaine à la chapelle de la Vraie-Croix, de l'Isle, sous l'agrément du sire de Neuchatel, à qui elle en laissa la collation. Agnès de Montbéliard, épouse de Thiébaud VIII de Neuchatel, par son testament fait en 1430, fonda des services dans la même chapelle pour une somme de *quarante librures,* à prendre chaque année sur sa part de la saulnerie de Salins et seigneurie de Marnoz, et demanda d'y être inhumée. Son époux voulut aussi y reposer en 1459. Enfin en 1680, la chapelle de la Vraie-Croix avait à Lougres 126 livres de revenus, dont on ignore l'origine.

Les seigneurs de Neuchatel portaient une affection spéciale à la petite ville de l'Isle. Thiébaud VI rentra dans la garde de l'abbaye des Trois-Rois et donna aux religieux de cette maison, quelque temps avant sa mort, une place spacieuse dans la Rue pour y construire une maison de retraite, à l'époque des courses des bandes indisciplinées de soldats étrangers dits *routiers* et *écorcheurs*. On ne peut s'imaginer tous les maux que ces pillards firent endurer à nos ancêtres pendant les dernières années du XIVe siècle et au commencement du XVe; l'Isle partagea ces calamités. Alors, sept à huit ménages seulement habitaient la Rue, tant la population de cette ville se relevait difficilement des désastres qui l'avaient presque anéantie! Les guerres de Bourgogne, entre Charles le Téméraire et la maison d'Autriche et les cantons suisses, la plongèrent ensuite dans le gouffre de tous les maux. Thiébaud IX de Neuchatel, maréchal du duc Charles et son premier lieutenant, attira sur l'Isle, sans le vouloir, un orage effroyable par l'appui qu'il donna à son maître. Le 8 mars 1476 (n. s.) (1), les soldats suisses et allemands qui tenaient garnison à Héricourt et à Montbéliard se réunirent au nombre d'environ 1,000 hommes, tombèrent sur l'Isle, pillèrent le butin qu'on y avait retiré et la livrèrent aux flammes. Ils emmenèrent 150 prisonniers, qu'ils ne relâchèrent qu'après en avoir tiré une forte rançon. La destruction des ponts, la désolation de Fusnans et de son église, en cette circonstance, sont rappelées dans un titre de 1621 déposé aux archives de l'Isle : de cette époque date la décadence de Fusnans.

Les traités de paix de Zurich, des années 1477 et 1478, firent passer la châtellenie de l'Isle entre les mains de Sigismond, archiduc d'Autriche. Ce prince en gratifia les deux frères Ulrich et Henri de Ramegk, gentilshommes attachés à sa personne, sous la réserve des foi et hommage. Mais en 1480, Sigismond, cédant aux prières d'Henri de Neuchatel et de Claude, seigneur du Fay, tous deux fils de Thiébaud IX, sire de Neuchatel et maréchal de Bourgogne, leur restitua l'Isle, le Chatelot, Héricourt et les autres fruits de sa conquête. L'empereur Maximilien, neveu et héritier de Sigismond, et l'archiduc Philippe, fils du premier, confirmèrent cette restitution par différents actes des années 1492, 1495, 1498, 1500. Antoine de Neuchatel avait possédé la seigneurie de l'Isle depuis le milieu du xve siècle ; il la légua en 1461 à sa sœur *Bonne,* mariée à Antoine de Vergy. Les deux neveux de celle-ci, Henri et Claude, dont nous avons parlé, après en avoir obtenu la restitution de l'archiduc Sigismond, lui en disputèrent la propriété ; de là un procès devant le parlement de Dole. Cette compagnie conserva à Bonne la propriété de l'Isle en 1492 ; et plus tard, en 1503, l'archiduc Philippe d'Autriche, choisi pour arbitre dans cette difficulté, que n'avait pas terminée l'arrêt du parlement, adjugea l'Isle et le Chatelot à la fille de Bonne, mais il en laissa la jouissance à Henri. A peine en profita-t-il pendant un an, car il mourut en 1504. Guillaume, son frère, autre fils de Thiébaud IX, posséda l'Isle à son tour ; mais, par une fatalité remarquable, il n'en jouit qu'un an non plus. En 1505, la branche aînée de la maison de Neuchatel se trouva éteinte dans les mâles. Survivaient les deux filles de Claude, mariées à deux

(1) N. s., nouveau style.

seigneurs allemands : *Bonne*, épouse de Guillaume de Furstemberg, et *Elisabeth*, femme de Félix de Werdemberg. Au mépris du testament de Thiébaud IX, qui avait établi une substitution en faveur des enfants mâles des branches aînée et cadette de sa famille et des autres maisons alliées aux Neuchatel, Guillaume de Furstemberg et Félix de Werdemberg s'emparèrent de vive force des terres et seigneuries de Neuchatel, qu'ils parvinrent à conserver pendant vingt ans. Dans le partage qu'ils en firent, l'Isle échut à Guillaume de Furstemberg. Il le vendit en 1524 pour 20,000 florins à Ferdinand, archiduc d'Autriche, et ce prince le transmit, en 1527, à Gabriel de Salamanque, comte d'Ortembourg, son grand trésorier. *Anne*, dernier rejeton de la branche cadette des Neuchatel, mariée à Christophe de Longwy, consentit à cette donation par reconnaissance envers le comte d'Ortembourg, qui l'avait protégée pour recouvrer les autres terres de la succession de Thiébaud IXe du nom.

A peine l'Isle commençait-il à renaître à l'ombre de l'administration tutélaire de son nouveau seigneur, que de nouvelles catastrophes s'abattent sur cette ville dès les premières années du xvie siècle. Ce sont d'abord, au printemps de 1525, diverses troupes de paysans du Sundgauw et du comté de Montbéliard, qui, surexcités par la nouvelle doctrine de Luther, se ruent sur la Franche-Comté pour dépouiller les nobles et les gens d'église; au mois de mai, ils dévastent l'abbaye des Trois-Rois, le prieuré de Lanthenans, se saisissent de l'Isle et le mettent au pillage. Ensuite, de 1567 à 1590, des troupes espagnoles, italiennes, françaises, allemandes, parcourent la Franche-Comté en tout sens ; elles y arrivent, les unes pour combattre les protestants de France et des Pays-Bas, les autres pour les défendre. Pendant cette période, la présence de ces bandes armées et ennemies tint continuellement les habitants des terres de l'Isle et de Neuchatel dans la plus vive appréhension ; les gardes furent renforcées dans les châteaux, et les vassaux appelés à de fréquentes montres d'armes ; mais toutes ces mesures n'empêchèrent pas le val de Dambelin et les contrées voisines d'être dévastés, en 1588.

Au milieu de ces troubles et de ces alarmes, les deux fils du comte d'Ortembourg, Jean et Bernard, veillaient cependant au bien-être de leurs vassaux et serfs. Ils rédigèrent et firent publier, en 1551, des instructions et ordonnances sur les coutumes de la seigneurie de l'Isle. Ces documents, vraiment précieux pour l'histoire, ont été conservés pendant longtemps, dit-on, dans les archives de Montbéliard ; malheureusement, nous n'avons pu nous les procurer. Mais nous savons, par une transaction du 31 août 1617, que dans le ressort de la terre de l'Isle, le droit des dîmes ecclésiastiques était réel et personnel tout à la fois, et d'une gerbe sur douze. Les dîmes se partageaient par égale part entre le curé du propriétaire des terres et celui du territoire où elles étaient situées. Le curé d'un fermier avait un tiers des dîmes ; les deux autres tiers appartenaient au curé de la paroisse où étaient situés les biens affermés. Les descendants du comte d'Ortembourg possédèrent la seigneurie de l'Isle près d'un siècle. Ils la vendirent, en 1622, à Ferdinand de Rye, archevêque de Besançon ; le 17 octobre de la même année, il la reprit de fief du roi catholique comte de Bourgogne.

L'Isle a possédé une institution remarquable ; nous devons la faire connaître : c'est *sa familiarité*. Cette association de prêtres fut fondée vers 1500, car la dévastation de cette ville, en 1476, ne permet pas d'en reculer l'établissement à une époque antérieure. Le commencement du xvie siècle fut d'ailleurs l'époque de l'apparition des familiarités dans le diocèse de Besançon. Ces sociétés de prêtres d'une même paroisse étaient appelées *familiarités*, soit parce que les ecclésiastiques qui les composaient formaient comme une même famille, soit parce qu'ils devaient être originaires de familles domiciliées dans le lieu même : elles avaient pour fins l'accroissement du culte divin et l'union fraternelle des membres du clergé de la même paroisse. La familiarité de l'Isle a subsisté pendant trois cents ans, et dans l'état le plus florissant pendant la première partie de cette période. En 1542, elle comptait quatorze prêtres, huit chapelains présents, quatre chapelains absents et deux familiers [1]. Elle possédait en 1634

---

(1) Voici les noms des prêtres composant la familiarité à cette époque : Nicolas de Grammont, seigneur de N..., curé depuis 1530 ; Servois de la Bosse, vicaire ; Jehan Jodrillot, Jehan Mouchet, Pierre Darel, Nicolas Pariton, Henri Facheux, chapelains présents ; Etienne Mésy, Claude Darrel, vicaire à Dambelin ; Nicolas de Brunnekoff, Gabriel Langlois, chapelains absents ; Jehan Varin, Joseph de la Pré, dit Fauche, chapelains familiers.

Dans les temps anciens, les prêtres d'une même paroisse, dans le diocèse de Besançon, portèrent les noms de *chapelains*, d'*habitués*, de *sociétaires*, et enfin de *familiers* lorsque leur association fut organisée et approuvée par l'Ordinaire. Il est des rentes dans 27 communes, et jouissait de plusieurs dotations [1]; mais elle n'avait qu'une seule maison de ferme et la maison curiale qui, en 1621, était au côté gauche de l'église, et s'élevait au devant en 1764.

Le curé Coulon a retracé dans un titre du 29 décembre 1742, les devoirs et les qualités distinctives des familiers de l'Isle. Ils devaient acquitter les messes de fondation, assister à tous les offices, partager également les charges de l'administration et autres de la société. Les droits aux revenus étaient égaux entre les familiers, mais les avantages attachés à chaque autel appartenaient au chapelain titulaire. Pour être admis dans la familiarité, il fallait être prêtre, avoir fait un stage de deux mois, verser en entrant 10 livres estevenantes si on était de l'Isle, et 20 si on était né autre part, afin d'accroître les revenus de la société. Le seigneur du lieu avait la collation des titres de chapelain, et il approuvait, d'accord avec l'Ordinaire diocésain, les acensements faits par la familiarité.

Le grand nombre de prêtres qu'on voit dans la familiarité de l'Isle, les services religieux multipliés fondés dans la chapelle de la Vraie-Croix, attestent la grande confiance de la population de ce lieu et de celles du voisinage aux reliques conservées dans cette église. Elle se composait d'une seule nef, avec un autel dédié à la vraie Croix, et de neuf chapelles latérales sous l'invocation de saint Michel, saint Etienne, Notre-Dame, saint Jacques, sainte Catherine, saint Nicolas, saint Laurent, saint Arbogaste, saint Vincent, saint Sébastien. Celle-ci, fondée par le seigneur de l'Isle, qui y avait attaché un revenu considérable, *pingui censu,* dit le pouillé de l'église, fut primitivement sous le vocable de saint Eloi. Du consentement du comte d'Ortembourg et de ses deux fils, l'archevêque de Besançon la réunit à la familiarité. Cette chapelle fut élevée au commencement du XVIe siècle, et les autres remontaient à la même époque. On ne sait rien du style architectural de ces édifices.

remarquable qu'à l'Isle les familiers pouvaient être originaires d'un autre endroit, occuper des cures et des vicariats ailleurs; ce qui n'avait pas lieu dans les autres familiarités; mais, comme partout, les familiers habitaient chacun leur maison.

(1) A Pompierre, Montby, Rang, Moffans, l'Isle, Bournois, Hyémondans, Viéthorey, Fontaine, Saint-Maurice, Soye, Branne, le Chatelot, Grammont, Courchaton, Fontenelle, Marvelise, Mancenans, l'Hôpital, Médières, Blussans, Uzelles, Rahon, Accolans, Saint-Georges, Senargent, Appenans.

Les reliques de la vraie croix étaient confiées à la garde du chapelain titulaire de l'autel de ce nom. A certaines fêtes, il les prêtait au curé de Fusnans, qui les exposait à la vénération des fidèles. Les offrandes faites à l'occasion de cette exposition appartenaient au curé, qui chaque fois faisait la remise d'un blanc au chapelain (1). A cette occasion, exposons ici les détails d'un règlement de droits curiaux, arrêté le 14 janvier 1534, entre le curé Nicolas de Grammont et les paroissiens de l'Isle; ils offrent un tableau assez curieux des mœurs publiques de cette époque. Pour droit mortuaire de chaque chef d'hostel (de famille) le curé de l'Isle percevait 21 sols estevenants, 6 blancs au trental (office au bout de trente jours). Les *chantés* (service solennel et à haute voix) avaient lieu pendant trois jours consécutifs; le premier jour avec une messe haute, rétribuée 6 blancs, et les deux autres jours avec messes basses, dont l'honoraire était 4 petits blancs chacune. Le curé avait de plus sa réfection corporelle, selon son état. Les héritiers étaient libres de faire célébrer neuf autres messes, dont la rétribution était de 30 gros. En chacun des jours des chantés, ils offraient un pain double, de la valeur d'un liard, et une chandelle. Pour le *retour* ou droit de fosse, le curé touchait cinq sols estevenants pour sa messe, et les offrandes comme aux jours des chantés. L'administration du sacrement d'extrême-onction était rétribuée 5 sols estevenants ou une poule; même somme était due si les héritiers avaient demandé la récitation du psautier sur le corps du défunt. Tous les dimanches de l'année de son décès, ils devaient offrir à la messe paroissiale un pain et une chandelle, ou à leur choix payer en place 6 quartes de froment à la Saint-Martin. Le droit mortuaire d'un enfant d'un an et au dessous était d'un sol, de trois sols jusqu'à huit ans, et de six sols jusqu'à ce qu'il fût

---

(1) Cette pièce de monnaie valait 3 deniers 1/4.
Le trésor de l'église de l'Isle renfermait, d'après un inventaire fait par le curé Voyrin, 4 croix en argent, dont deux contenaient du bois de la vraie croix, et la troisième une dent de saint Thiébaud, patron de la maison de Neuchatel. On y voyait encore trois petits coffres, l'un d'airain doré, l'autre argenté, le troisième d'ivoire, qui renfermaient des reliques; un reliquaire d'argent; deux *Agnus Dei*, dans lesquels étaient enchâssées des pierres; un calice d'argent doré, en forme de coupe antique peu élevée, sur le pied duquel sont les armoiries de Neuchatel. De ces objets il ne reste qu'un coffret, le calice et une croix dans laquelle sont des reliques de la vraie croix. On l'expose encore sur une table au milieu de la nef, à la vénération des fidèles en certaines fêtes consacrées au culte de la croix.

chef de famille. Les lettres de *recedo* pour mariages étaient taxées à 12 sols estevenants ; les droits de mariage à 3 blancs pour la messe et une charbonnée (morceau de cochon rôti sur le gril), en valeur d'un gros, et la réfection corporelle du curé le jour du mariage ; il recevait encore un sol estevenant ou une poule pour la bénédiction du lit nuptial. La messe du lendemain des noces était rétribuée 6 blancs avec l'offrande d'un pain d'un liard, une pinte de vin et la réfection corporelle du curé. Trois fois chaque année, aux Rois, à la Purification de Notre-Dame, à la Toussaint, les paroissiens offraient un pain ou un cars (1), et les bons deniers se payaient aux fêtes d'Annonciation N. D. et de la Dédicace. L'honoraire des messes pour relevailles des nouvelles accouchées était de 4 blancs avec le dîner du curé ou 6 blancs pour tout. Celui-ci pouvait encore assister à tous les repas dit réjeaux (de réjouissance) à l'occasion des baptêmes, mariages et même des obsèques. Tous les dimanches pendant un an, il devait faire de l'eau bénite dans les maisons des femmes accouchées. La dîme des agneaux était de douze l'un, et celle de la laine avait lieu deux fois l'an. Chaque paroissien ayant charrue devait trois journées de labour par an aux terres de la cure, ou 6 blancs pour chacune. Les gerbes de paroichage (de passion) étaient dues par tous ceux qui avaient récolté du blé, et ceux qui n'en avaient pas donnaient 3 engrogues (2). Tous les dimanches on priait à la messe paroissiale, pendant un an, pour les morts, et leurs héritiers avaient à payer pour cela à la Saint-Martin 4 blancs.

Au point de vue social, la familiarité de l'Isle fut très avantageuse. Elle y conserva les idées religieuses, la pureté des mœurs, et préserva cette ville du protestantisme. La réforme de Luther fit invasion jusqu'aux portes de l'Isle au milieu du xvie siècle. Les populations de Longevelle, de Saint-Maurice, du Chatelot, de Blussans et de Blussangeaux, qui dépendaient de la domination du comte de Montbéliard, eurent à subir le changement de religion, qui leur fut imposé. Cependant les habitants de l'Isle, sujets du roi d'Espagne, eurent le bonheur de conserver la vieille religion, qu'ils virent abandonnée par leurs plus proches voisins, parmi lesquels ils comptaient des parents et de nombreux amis. Un autre

---

(1) Cars, kars ou quarts, pièce de monnaie de la valeur de 15 sols.
(2) Cette pièce de monnaie valait 1 denier 1/9.

service dû à la familiarité de l'Isle fut le développement de l'instruction. Cette société prit sur ses revenus pour fonder une école ; ceux de la chapelle Saint-Sébastien, à la réserve de 5 livres estevenantes destinées au desservice de l'autel, furent consacrés à cet établissement par la générosité du chapelain Nicolas Carlin. Le recteur était élu par les habitants et institué par l'archevêque de Besançon ; son traitement, fixé d'abord à 530 livres, s'augmenta dans la suite. L'archevêque Claude de la Baume, déférant à la prière des comtes Jean et Bernard d'Ortembourg, seigneurs de l'Isle, institua le premier recteur d'école le 19 septembre 1573. La qualité de ceux qui ne dédaignèrent point ces modestes, mais bien importantes fonctions, car plusieurs chapelains voulurent les exercer, témoigne, non moins que le traitement élevé qui y était attaché et l'approbation de l'archevêque, de la haute estime qu'on en faisait. Le principal devoir imposé au recteur était d'instruire catholiquement. La belle mission de la familiarité de l'Isle fut ambitionnée par les premières familles de la Franche-Comté. Celles des Michoutey, des Tricalet, des Briot, des Brun de Dole, des de Chevigney, des Talbert, Boudret et autres, eurent des familiers à l'Isle.

A part le dénombrement de 1385 et le règlement des droits curiaux de 1534, qui présente seulement à l'Isle 20 chefs de famille et une population totale d'environ 200 habitants, par conséquent (1), nul document ne la fait connaître jusqu'en 1551, date du commencement des registres des naissances. Il a été écrit par le curé Mothet, et retrouvé en 1722 dans les papiers de noble Girardin de Baume, seigneur de Villars-sous-Ecot, par M. Bretagne, curé de l'Isle à cette époque. Des études comparatives entre le chiffre des naissances et celui des populations connues, il résulte que de 1550 à 1560, ce bourg comptait 400 habitants ; la Rue était toujours peu peuplée. Le régime municipal est remarqué pour la première fois en 1573, car les échevins procédèrent à l'élection du recteur d'école, faite à cette époque par les habitants à la majorité des suffrages. Au curé Mothet, qui administrait Fusnans et l'Isle depuis Nicolas de Grammont, succéda Jacques Voyrin, en 1592 ; il était encore en fonctions en 1624.

---

(1) Les Balandier, Guilloz, Bretagne, étaient les noms les plus communs de l'Isle à cette époque. Il y avait aussi des Mouchet, des Guédot, des Jodrillot, des Coquart, des Monin, des Ponçot, des Mathiot, etc., etc.

Les confréries d'ouvriers avaient commencé huit ans auparavant (1613). Le peu d'importance du lieu ne permet pas de les appeler corporations ; mais cette institution met en relief l'industrie du bourg de l'Isle, et mérite, par là, d'être signalée. C'étaient les associations des maréchaux et serruriers, des drapiers, des cordonniers et des tanneurs, des chapeliers et bonnetiers, des menuisiers et charpentiers. Leurs statuts, analogues à ceux des mêmes artisans de Baume et des autres villes de la Franche-Comté, étaient revêtus de l'approbation de l'archevêque de Besançon. Ils obligeaient les ouvriers à s'aider mutuellement pour la confection comme pour la vente des marchandises, en cas de maladie et en d'autres circonstances : l'époque et la forme des assemblées pour l'élection des maîtres et des jurés chargés d'accorder les difficultés qui pouvaient s'élever, y étaient réglées, ainsi que la manière de célébrer la fête des patrons et les amusements auxquels les confrères se livraient en cette occasion.

Nous arrivons à une nouvelle destruction de l'Isle ; elle eut lieu pendant la guerre de dix ans. Le 22 juin 1637, le comte de Grancey part de Montbéliard, à la tête du régiment français de la Motte-Haudancourt et de la cavalerie suédoise, commandée par le général Schwaleschi, auxquels s'étaient joints quelques miliciens de cette ville et du voisinage, et arrive le même jour devant l'Isle. Il campe au faubourg du Magny, où il ne trouve que quelques malades relégués dans les loges établies pour les pestiférés ; toute la population avait pris la fuite. Dès le lendemain, Grancey reconnaît la ville, l'investit, fait battre en brèche les murailles par son artillerie, établie au Magny. Le 24 juin, les fortifications de la porte du Pont sont à moitié renversées, et le général ennemi entre à l'Isle. La garnison et les habitants se réfugient en toute hâte dans le château. Bientôt un trompette paraît devant la porte et somme le commandant de se rendre. C'était le capitaine Petit, vieux soldat estropié [1]. Quelques jours auparavant, le baron de Scey lui avait amené une compagnie d'infanterie ; il attendait encore quelques renforts des garnisons de Bermont et de Clerval ; mais ces secours n'étaient pas arrivés. Avant de répondre à la sommation qui lui est faite, cet officier, homme vail-

---

(1) MM. Petit en 1637, Pierre de Crécy en 1624, sont les deux seuls capitaines de l'Isle dont nous connaissions les noms : celui-ci commandait deux cents hommes.

lant et *au gré des bourgeois,* dit Girardot de Beauchemin, les consulte, ainsi que sa petite garnison, sur le parti à prendre. On reconnaît que le château ne peut tenir, et on l'engage à capituler aux conditions les plus avantageuses qu'il pourra obtenir. Après divers pourparlers avec le général Grancey, celui-ci ne veut accorder la liberté qu'au seul capitaine Petit, ainsi qu'à son valet et à sa servante.

La porte du château s'ouvre, et Grancey se disposait à y pénétrer, quand une femme veuve, portant une grande image de Notre-Dame, s'avance à sa rencontre, se jette à ses genoux, lui demandant *pour l'amour de Dieu, de la bonne et glorieuse Vierge, la conservation de tous ceux qui sont enclos dans ce châtel...* Le général passe outre, sans faire nulle attention à cette prière. Alors le capitaine Petit se présente en lui disant : *Monseigneur, voici de pauvres bourgeois qui vous demandent grâce et merci !* Je veux qu'ils se rendent à discrétion, répond Grancey ! Il est introduit dans la grande salle au-dessus de la porte principale, existante encore aujourd'hui [1], et il se rend enfin aux instances pressantes qu'on lui fait. *Que les habitants,* dit-il, *m'envoient quelques-uns des leurs pour traiter officiellement avec moi.*

En conséquence, un des bourgeois les plus riches et les plus considérés, Lœuillard, se présente devant le comte. Grancey lui dit qu'il fera grâce moyennant 1,000 pistoles, que les habitants de la ville lui paieront [2]. « Monseigneur, lui répond Lœuillard, veuillez vous contenter de 500 pistoles ! — J'en exige 1,000, réplique le vainqueur, et j'entends qu'elles soient payées au plus tôt ! » Lœuillard, consterné, garde le silence.

Tout à coup on vient avertir Grancey que le feu éclate dans divers quartiers de la ville : ses soldats et les miliciens de Montbéliard, hostiles aux habitants, avaient mis le feu à dix-sept maisons sur différents points. Dès lors l'Isle est à la discrétion de l'ennemi. Pendant le tumulte qu'occasionnent l'incendie et le pillage, quelques bourgeois se sauvent, d'autres sont tués, certains sont rançonnés par les soldats qui les arrêtent ; mais ceux qui étaient au château y restent prisonniers.

(1) C'est la grande porte actuelle de l'usine de MM. Japy. Au devant, existait un pont-levis. On aperçoit encore des meurtrières dans les murs, à côté de cette porte.
(2) 1,000 pistoles valaient 10,000 francs de notre monnaie actuelle.

Le lendemain, ces malheureux, placés entre deux haies de soldats le mousquet au bras et mèche allumée, sont conduits devant Grancey au Magny. Ils se jettent à ses pieds pour implorer sa compassion; ils le supplient, les larmes aux yeux, d'avoir pitié d'eux; ils lui représentent la perte de leurs biens, les ruines fumantes de leurs habitations. Ces prières touchent peu le général français; il demande de nouveau 1,000 pistoles pour la rançon des bourgeois de l'Isle, et déclare que jusqu'à l'entier paiement de cette somme, il en retiendra quarante en ôtage. Les prisonniers le prient de n'en conserver que dix, et le comte finit par se contenter de dix-huit à vingt. Il ordonne à messire Regnier, pour lors curé de l'Isle, qui avait joint ses supplications à celles de ses paroissiens, d'avoir à les désigner. François Vuillier, Hugues Guilloz, Servois Jassey, échevins, et appartenant aux familles les plus notables, furent choisis des premiers. Cinquante cavaliers les conduisirent avec leurs compagnons à Montbéliard, où ils furent mis en prison fermée. On laissa la liberté à Claude Morel, quatrième échevin, afin de faire l'emprunt des 1,000 pistoles pour la rançon.

Grancey fait soigneusement renfermer les autres habitants dans le château; puis il marche sur Clerval, qu'il prend le 28 juin. Quelques jours après, les prisonniers du château de l'Isle y sont amenés sous l'escorte de cent cavaliers. Ceux-ci avaient reçu l'ordre de ne faire aucun mal à leurs prisonniers, qui pendant la route furent détroussés et maltraités indignement. Quelques-uns de leurs compatriotes, par l'autorisation du général, étaient restés au château de l'Isle pour faire la récolte des foins et des moissons. Les grains battus furent conduits et vendus à Montbéliard. Le même jour que Clerval se rendait à Grancey, les troupes de Weymar se rendaient maîtresses de Baume. Le 5 juillet suivant, elles occupaient Granges-le-Bourg, tandis que d'un autre côté Grancey, revenu sur ses pas, occupait Pont-de-Roide.

Le sac d'une ville ouvre aux vainqueurs toutes les portes de la licence la plus brutale, et parmi les vaincus, les personnages les plus honorables sont souvent les victimes des attentats les plus odieux. A la prise de l'Isle, les belles-sœurs de l'échevin Guilloz, Huguette et Anne Petitot, demeurèrent prisonnières de certains officiers du comte de Grancey; elles furent envoyées à Montbéliard. Grâce à l'intervention de l'abbé de Clerval (le prieur de

Chaux probablement), frère du général Grancey, elles eurent la liberté, mais seulement dans l'intérieur de cette ville, sous la surveillance du bourgeois Nardin, chez qui elles logeaient. Leur beau-frère Guilloz vint les rejoindre à sa sortie de prison ; il avait été élargi, ainsi que ses compagnons, restés sous la surveillance de quelques bourgeois de Montbéliard. Ces malheureux étaient plongés dans la plus grande misère. Ils passèrent procuration à Claude Regnier, leur curé, ainsi qu'à Jacques Bretegnier, chirurgien, et à Nicolas Carlin, pour emprunter de quoi payer leur rançon. Ces mandataires vinrent à bout, non sans difficulté, de réunir la somme de 6,000 francs, sur laquelle on préleva celle de 500 francs pour payer à du Loisy, négociant, les poudres, mèches et plomb qu'il avait fournis pour la défense de la ville.

La rançon payée, les habitants de l'Isle recouvrèrent tous la liberté. Mais ils ne revinrent qu'en petit nombre dans leur patrie, car le curé Regnier, malheureux pasteur d'un peuple plus malheureux encore, a consigné sur un registre paroissial qu'au mois de juin 1642, quatre ou cinq bourgeois seulement, avec quelques cultivateurs du voisinage, étaient revenus habiter au milieu des décombres de l'Isle, et qu'ils en formaient toute la population. On ne s'en étonnera pas quand on saura que, le 14 mars de cette même année, un corps de Suédois venait encore saccager l'Isle. Aussi en 1650, le nombre des habitants était-il réduit à 175 individus, de 600 environ auquel il s'élevait trois ans auparavant. En 1700, le chiffre total de la population atteignait à peine le nombre de 400.

Une rente de 500 quarts d'écus fut consentie par la majeure partie des bourgeois et autorisée par le parlement de Dole, afin de rembourser les 10,636 livres de l'emprunt à 7 pour cent pour payer Grancey et les autres frais à l'occasion de la défense de la ville. Le paiement de cette dette fut la source d'un procès long et dispendieux des bourgeois ; les uns ne voulaient pas en acquitter leur quote-part, parce que la rançon n'avait été promise qu'après la reddition de l'Isle, les autres parce qu'ils avaient payé leur rançon individuelle ; et il y en avait, enfin, qui voulaient se soustraire à cette charge par ces raisons qu'ils étaient des nouveaux venus et qu'ils ne possédaient point de terres. Le parlement ordonna une enquête sur ces faits, et déclara que l'emprunt de la communauté de l'Isle serait payé au moyen d'une répartition de

10,818 francs entre tous les habitants, au *prorata* de leur fortune. Cette opération se fit en juillet 1682, et le procès-verbal dressé en cette circonstance a conservé les noms des 75 familles de l'Isle. Celles des Balandier, Bretagne, Briot, Carlin, Guilloz, Regnier, Sancey, Mouchet, Meunier, Pegaud, Colardot, etc., etc., étaient les plus nombreuses et les plus fortunées. Les héritiers du nom d'André Girardin, mort à cette époque, qui figurent dans ce compte, nous apprennent que cet ecclésiastique avait occupé la cure de l'Isle après le curé Regnier ; c'est pourquoi le registre des naissances à l'Isle, conservé avec soin au milieu des guerres et des dévastations dont la Franche-Comté fut le théâtre au xviie siècle, fut retrouvé plus tard, comme nous l'avons dit, parmi les papiers de la famille Girardin, de Villars-sous-Ecot.

Le voisinage de l'Isle partagea le sort infortuné de cette bourgade. Fusnans fut pillé, l'église ruinée et la population décimée par la peste. Le pont qui liait ce village et le Magny à l'Isle fut détruit. Depuis longtemps déjà, les habitants de cette ville, à raison de la proximité, remplissaient leurs devoirs religieux dans la chapelle de la Vraie-Croix, où, après le passage des Suédois, on transféra les vases sacrés, les fonts baptismaux, les ornements, les cloches mêmes de Fusnans. Les bourgeois demandèrent, en 1665, que cette chapelle devînt église paroissiale ; mais le curé Robardey s'opposa vivement à cette demande, et s'obstina à résider au milieu des ruines de Fusnans. Cette affaire traîna en longueur ; mais enfin la translation du titre paroissial à l'Isle se fit vers 1694, et l'église de Fusnans fut démolie en 1725. La chapelle de la Vraie-Croix elle-même tombait en ruines au commencement du xviiie siècle ; car, dans un procès-verbal descriptif de cet édifice à cette époque, on lit ces lignes : « Comme dans ladite
» église, il y a plusieurs chapelles collatérales à la nef, auxquelles
» il est nécessaire de travailler, parce qu'on ne peut pas rompre
» les murailles de la nef sans attoucher à celles des chapelles, qui
» tombent en ruines, et qu'il est important d'obliger les chape-
» lains à y faire travailler dans le même temps qu'on travaillera
» aux ouvrages de l'église, etc., etc. » Les chapelains étaient donc tenus, non-seulement à l'entretien des chapelles, mais encore aux grosses réparations dont elles avaient besoin. En 1708, ils n'étaient plus que cinq : N. Marrelier, Ferdinand Briot, Henri Fauchey, Richard Regnier et Jacques Fleury. Le premier avait lé-

gué, en 1699, une somme de 200 livres, qu'on employa à la restauration de la chapelle de la Vraie-Croix. La difficulté du passage du Doubs fit décider l'établissement d'un nouveau cimetière au côté nord de cette église ; les bourgeois achetèrent même, à cet effet, un terrain en 1714 ; mais le rétablissement du pont fit abandonner ce projet, et le terrain acquis reçut une autre destination.

L'incendie et le pillage de l'Isle avaient porté un coup funeste aux intérêts de la familiarité ; la date de 1637 est celle de son déclin. L'école tombe, car on trouve une institution de l'autel Saint-Sébastien donnée, le 31 août 1650, à Claude Bart ; les fondations sont prescrites, ou se confondent dans les revenus curiaux, les rentes sont remboursées en billets qui se perdent ou se liquident à vil prix ; la perte successive des revenus de cette société réduit le nombre des prêtres qui la composaient. En 1700, les maisons du Magny commencent à se relever auprès des ruines du pont, dans les vergers acensés à deux familles par le chapelain Tricalet. Trois ans après, la communauté de l'Isle cherche à se créer quelques revenus à l'aide de l'amodiation des droits de boucherie et de pêche ; les premiers pour 26, et les seconds au prix de 11 fr., pour chaque année. Les denrées alimentaires furent régulièrement taxées par les échevins, jusqu'à la révolution de 1789.

La terre de l'Isle, érigée en baronie en 1680, passa à cette époque à Ferdinand-Joseph, comte de Poitiers, qui recueillit les biens de Rye. A côté de la seigneurie Rye-Poitiers, on voit à l'Isle, dès le commencement du xviiie siècle, un autre fief dit *de Deuilly*; il provenait sans doute d'une des inféodations faites par les sires de Neuchatel dans les temps anciens. Le château Deuilly était au joignant du jardin de la cure en 1761 et appartenait alors à Mme de Foudras. Les possessions de ce fief dîmaient à la dix-huitième gerbe, tandis que les seigneurs hauts-justiciers ne levaient qu'une gerbe sur vingt. Cette diminution de la charge des dîmes, allégée de moitié depuis un siècle, annonce la grande misère qui suivit les événements de 1637. Nous en trouvons encore une autre cause dans la conquête de la province par Louis XIV, en 1674.

A six kilomètres au sud de l'Isle, au milieu de vastes forêts, existe le hameau de la grange *Courcelles* (petite habitation). Ce groupe de fermes fut donné, en 1136, à l'abbaye des Trois-Rois, par Thiébaud de Rougemont ; ces maisons avaient été bâties pour la culture des terres voisines, éloignées de tout village. La grange Courcelles a été réunie à la commune de l'Isle, au commencement du XIXᵉ siècle (1811-1813) ; mais il n'y a pas communauté de biens entre l'Isle et cette section. On voit aussi une autre maison, qu'on appelle *la Verrière*, au sud-ouest de la grange Courcelles, sur la direction du chemin de Glainans. C'est en ce lieu que Ferdinand-Joseph de Poitiers fit établir une verrerie, en 1715 ; elle ne prospéra pas, et tomba en 1738. Les autres établissements du même genre, au pied du château Julien, près de Pont-de-Roide, et dans la forêt d'Hyémondans, au voisinage de Tournedoz, ne subsistèrent non plus que quelques années. Le haut prix des transports, le peu de voies d'écoulement, et le malaise du pays, furent les causes de ces insuccès. La verrerie de Pont-de-Roide, commencée en 1680, fut supprimée en 1755. Le comte de Poitiers avait appelé des ouvriers suisses et allemands pour travailler le verre dans ces manufactures ; ils étaient en grand nombre à la verrière de la grange Courcelles, puisque leur population s'éleva de 160 à 180. Cette colonie fut le berceau de Gaspard Gresly, descendant d'une famille originaire de Soleure. Il apporta en naissant les dispositions les plus heureuses pour la peinture, se fit une réputation à Paris par son talent pour les copies, les grotesques, les scènes communes de la vie. Il reste de ce peintre un assez grand nombre de tableaux, entre autres ceux de saint Joseph et de Jésus au jardin des Oliviers, qu'on voit dans l'église de l'Isle.

Les verriers de la Grange avaient déboisé une assez grande étendue de terrain au voisinage de leur usine ; c'est la ferme actuelle de *la Verrière*. Cette forêt, dite *Derrière-la-Tête-d'Armont*, au joignant du bois d'*Avotoy*, avait été donnée à la commune de l'Isle par Thiébaud IV de Neuchatel. Celle-ci la réclama comme sa propriété ; de là un procès entre elle et le seigneur, en 1727. Il se termina, en 1730, par un échange. Après la loi du 28 août 1792, la commune prétendit que cet échange lui avait été imposé au préjudice de ses droits, et se pourvut contre le gouvernement comme tenant la place de la duchesse de Lorges, émigrée. Cette contestation fut soumise à des arbitres, conformément à la loi du 10 juin 1793, et la commune obtint gain de cause. La terre de la Verrière revint donc à l'Isle, qui en jouit jusqu'en 1815 ;

mais, par suite de la loi du 20 mars de cette année, elle dut la céder à la caisse d'amortissement, qui, le 20 octobre, la fit vendre pour 15,000 francs. L'adjudicataire ne paya pas cette somme, et l'administration des domaines reprit possession de cet immeuble en septembre 1814, et en disposa à titre de maître. Néanmoins, la commune de l'Isle, se fondant sur la loi de 1816, introduisit devant les tribunaux une instance en revendication de cette propriété, et obtint gain de cause à Baume. L'administration des domaines se pourvut devant le conseil d'Etat, qui, par décision du 28 juin 1850, débouta l'Isle de sa demande en restitution du domaine de la Verrière, en lui conservant une rente de 450 francs, que le gouvernement lui avait délivrée en septembre 1819, sur les revenus de cette ferme, en vertu de la loi du 20 mars 1813. Ensuite d'une ordonnance de M. le Préfet du Doubs, à la date du 31 octobre 1850, la ferme de la Verrière, vendue aux enchères par-devant le maire de l'Isle, le 24 novembre suivant, a été adjugée pour une somme de 30,000 francs, sur la mise à prix de 22,982 francs.

La Rue faisait toujours partie de la paroisse de Mancenans; ce qu'elle supportait avec d'autant plus d'impatience qu'elle était plus rapprochée de l'église de l'Isle. Elle fait un Mémoire en 1737, où elle expose les raisons qui militent pour sa réunion à la paroisse dont elle fait partie depuis longtemps pour le civil. Les premiers résultats de cette démarche n'apparaissent que trente-deux ans après. Le 20 février 1769, une enquête est faite par les curés Busson, de Courchaton, et Drouhot, d'Osnans. Les échevins d'Appenans, Mancenans, Etrappes, Geney, ceux de la Rue, du bourg de l'Isle, les curés de ces lieux, les moines du Lieu-Croissant, les professeurs de l'université aux droits du prieur de Vaucluse, y figurent pour soutenir leurs intérêts. Les échevins d'Appenans font la plus forte opposition. Ils soutiennent que la chapelle de leur village, bâtie dans les temps les plus reculés, par les moines des Trois-Rois pour les serfs défrichant leurs terres dans ces cantons, et desservie par le curé de Mancenans, est une église paroissiale, dotée des revenus du moulin du Moulinot, donnés en emphythéose; que les habitants de la Rue sont paroissiens d'Appenans; qu'ils forment les trois quarts de la population de cette paroisse, vu qu'en 1666, Appenans ne comptait que sept ménages; que distraire la Rue de la paroisse d'Appenans, c'est par le fait anéantir celle-ci et la rattacher à Mancenans, dont elle est éloignée de quatre à cinq kilomètres. Les moines des Trois-Rois ne s'opposent pas à la réunion, pourvu que leurs intérêts soient sauvegardés ; au cas contraire, ils ne peuvent l'approuver. Le seigneur de l'Isle y donne son adhésion. Cette enquête fait voir qu'il y avait dans la Rue de l'Isle une chapelle dédiée à saint Urbain, et que l'église de la Vraie-Croix était devenue la propriété des habitants par le fait des réparations qu'ils y avaient faites. Douze années s'écoulèrent encore, pendant lesquelles eurent lieu des procès, des transactions, et des indemnités furent réglées. Enfin, une sentence de l'archevêque Raymond de Durfort, du 8 juin 1781, réunit la Rue à la paroisse de l'Isle. Les Jésuites y donnèrent une mission en 1747, pendant l'administration du curé Liébaud, dont le successeur, en 1761, était M. Corberand, que remplaça le digne M. Buchot. L'histoire doit une mention particulière au curé Coulon, successeur dès 1723 de M. Bretagne. Pendant dix ans, cet ecclésiastique s'occupe, avec autant d'activité que d'intelligence, de la restauration des édifices paroissiaux de l'Isle. Il sollicite la construction d'une cure, il réclame le paiement des indemnités de loyer dues pour la maison occupée par les curés depuis la translation de la paroisse ; il poursuit la restauration de l'église. Celle-ci est interdite en 1728, et demeure quatre ans en cet état. A sa réouverture, le curé Coulon établit la confrérie du Rosaire, et l'autel qu'il fait construire à cette occasion est un des plus beaux de la province. Mais la familiarité va s'éteindre. En 1704, les services sont réduits à une messe quotidienne, et en 1746, à 100 messes basses ; mais le nom et les titres de cette société ont subsisté jusqu'en 1789.

Avant le xviiie siècle, la population de l'Isle apparaît comme plus agricole que commerciale et industrielle ; mais la grande route et les usines qui s'y établiront vont changer sa destinée. Les deux ponts sont rétablis vers 1720, et quelques années après (avant 1744), la grande route de Besançon à Belfort traverse l'Isle. Dès lors l'ancienne route qui aboutissait à Arcey est abandonnée ; néanmoins, la maréchaussée resta stationnée dans ce village jusqu'à la révolution. A peine la route nouvelle est-elle établie, que le bourg de l'Isle change de face, est en progrès. Ses habitants, dont le nombre s'élève à 700, s'adonnent au commerce et à l'industrie, et cette ville devient le gîte d'une étape militaire. Pendant les guerres de Louis XV contre le prince Charles, qui avait envahi l'Alsace, l'Isle fut le rendez-vous des miliciens qu'on levait dans les montagnes, et des transports militaires pour l'armée d'Alsace. Divers corps de troupes y stationnèrent en 1760 ; ils étaient entretenus par les bourgeois, et au moyen de réquisitions levées dans les villages voisins.

Depuis 1728, Guy-Michel Durfort, maréchal de Lorges, duc de Randan, commandant la province de Franche-Comté, était seigneur de Neuchatel et de l'Isle par son mariage avec Philippine-Elisabeth de Poitiers. Après la mort de l'un et de l'autre, arrivée dans les années 1772 et 1773, ces seigneuries passèrent à la nièce du maréchal de Lorges, duchesse de Quintin, épouse Durfort-Civrac, qui les a possédées jusqu'à la révolution. Le comte de Poitiers, beau-père du maréchal de Lorges, duc de Randan, fit réparer le château de l'Isle peu de temps avant sa mort. A son tour, sa veuve y fit exécuter divers travaux, après le mariage de sa fille, et entre autres, l'établissement d'un vivier dans le fossé de droite de la porte d'entrée, et la construction d'un bâtiment destiné à renfermer les archives des terres de l'Isle et de Neuchatel.

L'église de l'Isle, qui n'avait reçu que d'imparfaites réparations en 1708 et 1732, tombait en ruines vers 1769 ; elle avait besoin d'une reconstruction complète. Le seigneur, les décimateurs, les bourgeois sont appelés à y concourir ; mais ils diffèrent l'entreprise de ces travaux, et l'église est interdite en novembre 1770. Pendant quatorze ans, les habitants durent se transporter à Appenans pour les offices paroissiaux. Enfin, la construction d'une nouvelle église, de l'hôtel de ville et des fontaines fut adjugée en 1781.

Cette église, devenue trop petite à cause de l'accroissement de la population, a fait place à un nouvel édifice du culte, en style florentin, qui va être terminé. La nouvelle église est d'une élégance majestueuse. L'administration municipale fera aussi construire incessamment un nouvel hôtel de ville et des halles sur l'emplacement des anciennes [1].

---

(1) Ces constructions nouvelles sont dues au zèle bienveillant de M. L. Meiner, maire de l'Isle. Ce magistrat a secondé de toute son influence MM. les curés Bouhélier et Liégeon pour l'établissement des sœurs de la Charité, chargées de la

Pendant les guerres de la république et du premier empire français, l'Isle eut à supporter les lourdes et nombreuses charges, suites du passage continuel des troupes. Les invasions des armées étrangères en France, en 1814 et 1815, coûtèrent énormément aux habitants de cette localité, où la paix ramena la prospérité. La dérivation du canal du Rhône au Rhin, achevée en 1824, y eut un entrepôt de marchandises ; le nombre des foires fut porté à douze par an depuis 1831, et les marchés hebdomadaires du lundi, qui prirent une grande importance pour la vente du blé, ont rendu ce bourg très commerçant. Les belles forges de MM. Bouchot y amenèrent l'industrie. Ces usines, établies d'abord au Moulinot, en 1684, par le comte de Poitiers, ne consistèrent que dans un fourneau à fondre le minerai et dans un seul feu de forge. MM. Bouchot frères en firent l'acquisition en 1793, et les transférèrent sur l'emplacement de l'ancien château de l'Isle, après en avoir démoli les tourelles et les fortifications. Ils y construisirent cinq à six feux, tant pour l'affinerie que pour la tréfilerie et l'épinglerie. Cette forge, où soixante ouvriers étaient occupés, consommait annuellement 200,000 kilogr. de fonte de fer, et produisait 3,000 quintaux métriques de fer en barres, autant de fer en verges, et pareille quantité de fils de fer, dont une partie se réduisait en clous dits *pointes de Paris*. L'épinglerie employait les anciens et les nouveaux procédés pour la fabrication. Les produits très lucratifs de ces forges, qui jouirent d'une grande prospérité de 1815 à 1830, se plaçaient à l'Aigle et à Paris.

MM. Bouchot fils vendirent, en 1846, ces usines à MM. Japy, de Beaucourt, qui en prirent possession en mai 1847. Ils élevèrent de nouvelles constructions appropriées à leur genre de fabrication, et ce nouvel établissement fonctionna en partie à la fin de cette année. Suspendus par les désastres de 1848, ce n'est qu'en 1850 que les travaux furent continués et portèrent les usines de l'Isle au plus haut degré d'importance. Elles sont mues aujourd'hui par sept turbines de la force de 200 chevaux, et comprennent cinq feux d'affinerie, un four à réverbère, un train de cylindres à étirer la verge et les petits fers, une tréfilerie de fil

---

direction de la salle d'asile, de l'école des petites filles, et des religieuses de Niederbronn, qui remplissent la belle œuvre de garder et soigner les malades.

de fer d'acier, plusieurs ateliers de vis à bois et boulons. Ceux-ci sont fabriqués avec les fontes fines de la Comté et les déchets des fers recueillis dans les usines que MM. Japy possèdent dans le Doubs et le Haut-Rhin; ils donnent annuellement près de deux millions de pièces, qui se placent dans toutes les parties du globe. Quatre cents à cinq cents ouvriers, dont 200 femmes, travaillent habituellement à la forge de l'Isle. Les moulins que MM. Japy y possèdent, ainsi qu'à Rang, fabriquent, à l'aide de cinq paires de meules, 50,000 kilog. de farine par mois; elle est cuite dans leurs boulangeries pour l'alimentation des ouvriers employés dans leurs usines. Des moteurs hydrauliques, mus par les eaux du Doubs avec une chute de deux mètres, les mettent en roulement. On y ajoutera prochainement de nouveaux moteurs, un marteau pilon et une machine à vapeur destinée à suppléer au manque de force, soit par la sécheresse, soit par les grandes eaux.

Les magnifiques établissements de MM. Japy ont imprimé une impulsion immense au travail, à l'industrie et au commerce dans le bourg de l'Isle. On y voit encore une taillanderie au Moulinot, avec deux martinets et un feu de forge mus par les eaux du Doubs; quatre petites forges de serruriers et de maréchaux-ferrants; une scierie; une ribe; un battoir; neuf établissements de tanneries, briqueteries, etc., etc.; soixante-quatre ateliers et boutiques de petite industrie pour divers objets; soixante-un de marchands pour les arts vestiaires et trente-une maisons ouvertes au public pour l'alimentation. Depuis le commencement du xixᵉ siècle, le chiffre de la population s'est élevé de 700 à 1,100 jusqu'à 1831, et de cette époque, à 1,530, en 1851.

La superficie totale du territoire est de 1,068 hectares, dont 979 de cultures productives, avec une contenance imposable de 1,025 hectares.

Le budget de la commune de l'Isle, en 1855, se balance entre 13,452 fr. pour les dépenses, et 13,880 fr. de recettes. La station projetée du chemin de fer en cette localité complétera le mouvement progressif qui s'y est développé constamment depuis la révolution de 1789; et il est permis, dès à présent, de prévoir que, dans un avenir prochain, le département du Doubs y comptera un de ses centres importants de commerce et d'industrie.

BESANÇON, IMPR. DE J. JACQUIN.

www.ingramcontent.com/pod-product-compliance
Lightning Source LLC
Chambersburg PA
CBHW070704050426
42451CB00008B/494